CW01654851

RAYA ET LE DERNIER DRAGON

hachette
JEUNESSE

Il y a bien longtemps, les habitants de Kumandra vivaient **en harmonie avec les dragons.** Mais tout a changé lorsque **le Druun** est apparu. Cette ombre malfaisante a transformé les gens en pierre et anéanti presque tous les dragons. La légende raconte que Sisu, le dernier d'entre eux, a placé de la magie dans une pierre qu'il a utilisée pour chasser le Druun et faire revenir à la vie les humains.

Hélas, sans la protection des dragons, **la paix a quitté Kumandra.** Le pays a été divisé en cinq Terres rivales : Queue du dragon, Griffe du dragon, Dos du dragon, Cœur du dragon et Croc du dragon. Quant à la Pierre du dragon, elle est restée dans le temple de **Cœur du dragon,** gardée depuis des siècles par la famille du Chef Benja.

Des siècles plus tard, une jeune fille appelée **Raya recherche la Pierre du dragon.** Aidée par son ami Tuk Tuk, elle franchit les pièges disséminés dans le temple.

Au moment où elle approche enfin du but, **le Chef Benja** s'interpose :

— Tu ne poseras pas un orteil dans le cercle de la Pierre du dragon !

Sans se laisser intimider, Raya se jette sur lui.

Au terme d'un duel âprement disputé, Benja désarme son adversaire.

— Tu as perdu, Raya, annonce-t-il.

— Vraiment, Chef Benja ? se moque-t-elle en désignant le cercle qu'elle touche de l'orteil.

— Je préfère que tu m'appelles Père, ou Ba. **Félicitations, ma fille.** Tu as réussi l'épreuve !

Raya peut désormais entrer à l'intérieur du cercle où luit la Pierre du dragon.

— **L'esprit de Sisu,** murmure-t-elle, fascinée, en s'agenouillant auprès de son père.

— Depuis des générations, notre famille a juré de protéger la Pierre, lui rappelle-t-il. Aujourd'hui, c'est à **ton tour de prendre la relève.**

Il plonge ses mains dans l'eau du bassin qui entoure le cercle et verse doucement de l'eau sur la tête de sa fille. Les gouttes lumineuses scintillent autour d'elle quand il achève la cérémonie :

— Raya, princesse de Cœur du dragon, je te nomme **Gardienne de la Pierre.**

Benja lui confie ensuite son souhait de **restaurer Kumandra** en réunissant les cinq Terres. Pour cela, il va inviter les représentants des autres clans.

Le jour où tous se rassemblent devant le pont qui mène à Cœur du dragon, Raya constate qu'ils sont méfiants. Alors qu'elle cherche à aider son père, elle distingue une jeune fille de son âge dans la foule.

— Qui a faim ? demande-t-elle en la regardant.

L'adolescente, qui n'est autre que **la princesse de Croc du dragon,** s'avance.

— Je m'appelle Namaari, se présente-t-elle.

— Est-ce Sisu ? s'enquiert Raya en désignant **son collier en forme de dragon.**

Namaari acquiesce et Raya l'entraîne sur sa Terre. Rassurés, les autres clans les suivent.

En signe d'amitié, Namaari offre son collier à Raya et lui révèle qu'elle possède un parchemin racontant que **Sisu dort à la source d'une rivière.** En retour, Raya lui montre la Pierre du dragon.

Soudain, **Namaari attaque Raya** tandis que les soldats de Croc du dragon essayent de voler la Pierre ! Ils n'ont jamais voulu de l'offre de paix de Cœur du dragon. Bientôt, les guerriers des autres clans font irruption dans le temple. Benja tente de les repousser, en vain.

Tous se disputent l'objet jusqu'à ce que **la Pierre se brise en cinq morceaux...** et laisse émerger le Druun du sol. Voyant que celui-ci recule quand Benja brandit un fragment de la Pierre, chaque clan s'empresse d'en récupérer un éclat.

Le Druun se répand dans Cœur du dragon. Raya et son père empruntent le pont pour fuir, mais Benja est blessé à la jambe et il peine à marcher. Comme le Druun les rattrape, le chef remet à sa fille son épée et le morceau de la Pierre qu'il a conservé :

— Garde précieusement ce fragment, lui recommande-t-il. N'oublie pas que je t'aime, ajoute-t-il en l'embrassant sur le front.

Sans lui laisser le temps de réagir, il la pousse dans le fleuve en contrebas. Raya tombe en arrière avec Tuk Tuk. Lorsqu'elle sort la tête de l'eau, elle se rend compte que **le Druun a pétrifié son père.**

Au cours des années qui suivent, Raya parcourt son pays pour en explorer toutes les rivières. Son seul espoir pour détruire le Druun est de **retrouver Sisu.** Malheureusement, elle n'y est pas encore parvenue.

Un matin, la jeune femme part à la recherche de **la dernière rivière** qu'elle n'a pas remontée. Chevauchant Tuk Tuk, elle finit par aviser le cours d'eau, qu'elle longe jusqu'à une épave.

— Six ans de recherche pour nous retrouver face à des ruines, constate Raya.

Sans se laisser décourager, elle pénètre à l'intérieur du vieux bateau et découvre **la source de la rivière :** un filet d'eau arrêté par des rochers.

Répétant le rituel qu'elle a exécuté à la source des autres rivières, Raya fait une offrande à Sisu et prie pour son aide. Aussitôt, des gouttes d'eau s'élèvent et tourbillonnent avant de donner forme à **un dragon !**

— As-tu quelque chose à manger ? demande Sisu en fouillant dans le sac de Raya. J'étais tellement occupée à **sauver le monde** que j'ai oublié de prendre mon petit déjeuner aujourd'hui.

— Aujourd'hui ? bafouille Raya. Sisu, il s'est passé beaucoup de choses...

Pendant que le dragon se nourrit, Raya lui explique qu'elle a besoin d'elle afin de **repousser le Druun** une nouvelle fois. Mais quand elle lui montre son fragment de Pierre du dragon, Sisu s'affole.

— Je ne peux rien faire pour toi, se défend-elle. C'est la magie des autres dragons qui a créé la Pierre, pas la mienne !

Pourtant, en touchant le morceau de la Pierre, elle active les pouvoirs qu'il contient. Si Raya rassemble les fragments dispersés, elles réussiront peut-être à arrêter le Druun !

Elles commencent leur quête par la forteresse de Queue du dragon. À l'intérieur, elles découvrent le squelette de sa cheffe, morte en serrant son morceau de Pierre.

Dès que Sisu l'effleure, elle acquiert le pouvoir de se changer en être humain ! À cet instant, **Namaari et ses guerriers font irruption.** Pour leur échapper, Raya actionne un des pièges défensifs de la forteresse, provoquant une avalanche de sable.

D'autres pièges se déclenchent tandis que **Raya et Sisu prennent la fuite.** Lorsque Sisu manque de tomber dans le vide, Raya lui porte secours. Puis elles s'éloignent sur le dos de Tuk Tuk, poursuivies par Namaari et ses soldats !

Comme les Serlots, les montures des guerriers de Croc du dragon, détestent l'eau, Raya fait sauter Tuk Tuk sur un crevettier qui appartient à **un jeune garçon, Boun.** Ravi de les aider, il fait partir son bateau sous le nez de Namaari, qui reste bloquée à quai !

Raya paye ensuite Boun afin qu'il les conduise vers **Griffe du dragon.** Sisu saute à l'eau sous sa forme de dragon pour propulser l'embarcation et gagner de la vitesse.

Une fois qu'ils sont loin de Namaari, Sisu reprend **son apparence humaine** et se jette sur le repas que leur sert Boun.

— Faites attention, ça pourrait être empoisonné, lui chuchote Raya, méfiante.

— Bien sûr que non, c'est délicieux ! la rassure Sisu.

Alors que les trois compagnons se lient d'amitié, **le Druun apparaît sur le rivage...**

— Voilà pourquoi je ne quitte jamais mon bateau ! murmure Boun en frissonnant. Ainsi, je reste hors de portée de cette... chose. Je ne sais même pas ce que c'est vraiment.

— Un fléau né de la discorde entre les humains, lui répond Sisu. Le Druun a toujours été là, il guette la moindre marque de faiblesse pour attaquer.

Dans la soirée, Boun accoste à Griffe du dragon. Raya demande à Sisu de rester sur le bateau pendant qu'elle et Tuk Tuk partent en quête d'un nouveau fragment de la Pierre.

En chemin, la jeune femme est distraite par un bébé en pleurs. **Trois singes** en profitent alors pour lui dérober ses morceaux de Pierre.

— Tu étais dans le coup ! s'exclame Raya, furieuse, en comprenant que **l'enfant vient de la duper.**

La petite voleuse se hâte de fuir avec ses complices, mais Raya est plus rapide qu'eux et elle parvient vite à récupérer son bien.

De son côté, Sisu désobéit à Raya afin de faire un tour au marché. Comme elle ignore tout des transactions commerciales et de l'argent, elle s'empare de ce qui lui plaît sans payer, provoquant la colère des marchands.

— C'est un malentendu, s'excuse-t-elle. Je ne veux pas vous voler, je cherche les morceaux de la Pierre du dragon.

Par chance, une vieille dame prend sa défense.

Tout en discutant aimablement avec Sisu, la vieille dame l'entraîne à l'extérieur de la ville. Lorsque le Druun apparaît, la femme l'écarte en brandissant **un fragment de la Pierre, celui de Griffe du dragon !**

– Maintenant, tu vas me dire **où sont les autres morceaux,** ordonne-t-elle à Sisu. Sinon, je laisse cette chose te détruire !

– Mais, je vous faisais confiance ! se désole Sisu.

– Tu n'aurais pas dû.

Au moment où la femme pousse Sisu vers le Druun, Raya surgit. Elle fait monter son amie sur le dos de Tuk Tuk, puis elle arrache le fragment de Pierre à la vieille dame. Dès que Sisu le touche, elle gagne le pouvoir de générer un brouillard qui éloigne le Druun.

Grâce à Tuk Tuk, Raya et Sisu rejoignent rapidement le bateau. À bord, **Boun sert à manger au bébé et aux trois Ongis** que Raya a rencontrés un peu plus tôt.

— Je te remercie pour ces nouveaux clients, lui sourit Boun.

— Ils ne sont pas vraiment des clients, précise Raya. En réalité, c'est moi qui les ai engagés car **ils sont malins,** ils pourront nous aider. Pour les convaincre, je leur ai promis toute la nourriture qu'ils pourraient manger.

— Je vois, nous voilà donc coincés avec eux maintenant, proteste Boun. Parce qu'au cas où tu l'ignorerais, les Ongis possèdent **neuf estomacs.** Ils ne sont pas près d'être rassasiés !

À Croc du dragon, **Namaari est retournée auprès de la Cheffe Virana,** sa mère. Elle lui révèle que Raya cherche à rassembler tous les morceaux de la Pierre du dragon.

— Mère, avec l'aide de notre armée, je peux retrouver Raya et lui reprendre les fragments de la Pierre, lui propose Namaari. Si nous la reconstituons, les autres clans se rangeront derrière nous pour bénéficier de sa protection et nous pourrons ainsi assurer **la domination de Croc du dragon.**

— Namaari, je suis fière de toi, la félicite sa mère. Tu es **prête à accomplir la mission** pour laquelle je t'ai élevée !

Sur le bateau de Boun, Raya reparle à Sisu de la vieille dame du marché.

— Nous vivons dans une période de peurs et de tensions, lui explique la jeune femme. Vous devez apprendre à vous **méfier des gens que vous ne connaissez pas !**

— Je ne suis pas d'accord. S'il y a des peurs et des tensions, c'est justement parce que personne ne se fait confiance ! réplique Sisu.

À leur arrivée à Dos du dragon, **Sisu veut prouver à Raya qu'elle se trompe.** Pour cela, elle a l'intention d'offrir un bol de soupe à quelqu'un pour gagner son amitié. Tandis qu'elle se dirige vers les portes du village, Raya tente de la raisonner... et suit Sisu **droit dans un piège !**

Les deux amies sont faites prisonnières par Tong, un impressionnant guerrier.

— Personne ne me volera la Pierre de Dos du dragon, gronde-t-il.

Il est interrompu par Tuk Tuk qui fait irruption dans sa hutte. Boun, les Ongis et le bébé ligotent Tong, puis ils délivrent Raya et Sisu.

— Namaari est là avec son armée, leur annonce Boun.

En regardant par la fenêtre, Raya constate que les rues sont désertes.

— Vous êtes seul ici ? demande-t-elle à Tong.

— Le Druun a pétrifié tout mon clan, admet-il.

Pour une fois, Raya décide d'accorder sa confiance à un inconnu. Elle propose un marché à Tong : elle fera diversion auprès de Namaari s'il aide ses amis à s'échapper en échange.

À l'entrée du village, cette dernière s'impatiente. Personne n'a réagi à l'arrivée de son armée ! Au moment où elle ordonne à ses soldats de tout brûler, Raya ouvre les portes.

— Namaari, princesse de pacotille, quelle surprise de te voir ici ! raille-t-elle.

— Toi et tes morceaux de Pierre du dragon, vous venez avec moi.

En guise de réponse, Raya lève l'épée de son père et les deux femmes se lancent dans une lutte féroce.

Non loin de là, Tong profite de l'inattention des soldats, captivés par le duel, pour évacuer leur petit groupe hors du village. Cependant, quand Sisu s'aperçoit que Namaari est sur le point de battre Raya, elle fait demi-tour.

Alors que Namaari s'apprête à porter un coup fatal à son adversaire, un flot de brouillard l'arrête. Sisu s'avance sous sa forme de dragon et s'interpose pour **protéger Raya.** Tous les guerriers de Croc s'immobilisent, impressionnés par cette apparition. Sisu aide Raya à se relever sans qu'ils ne bougent.

— Eh oui, vous avez bien vu, **ce dragon est avec moi !** s'écrie la jeune femme. Allons-nous-en, ajoute-t-elle en entraînant Sisu.

Cette dernière plonge **son regard dans les yeux de Namaari** avant de se détourner et de suivre Raya jusqu'au bateau de Boun, où les attendent les autres.

Quand Tong apprend ce que Raya et Sisu tentent d'accomplir, il s'engage à son tour à les aider. Comme Boun, les Ongis et le bébé, il a lui aussi perdu ses proches à cause du Druun. Il donne le fragment de Pierre de Dos du dragon à Sisu, qui acquiert un pouvoir supplémentaire en le touchant. Elle déclenche la pluie sous le regard admiratif de ses alliés.

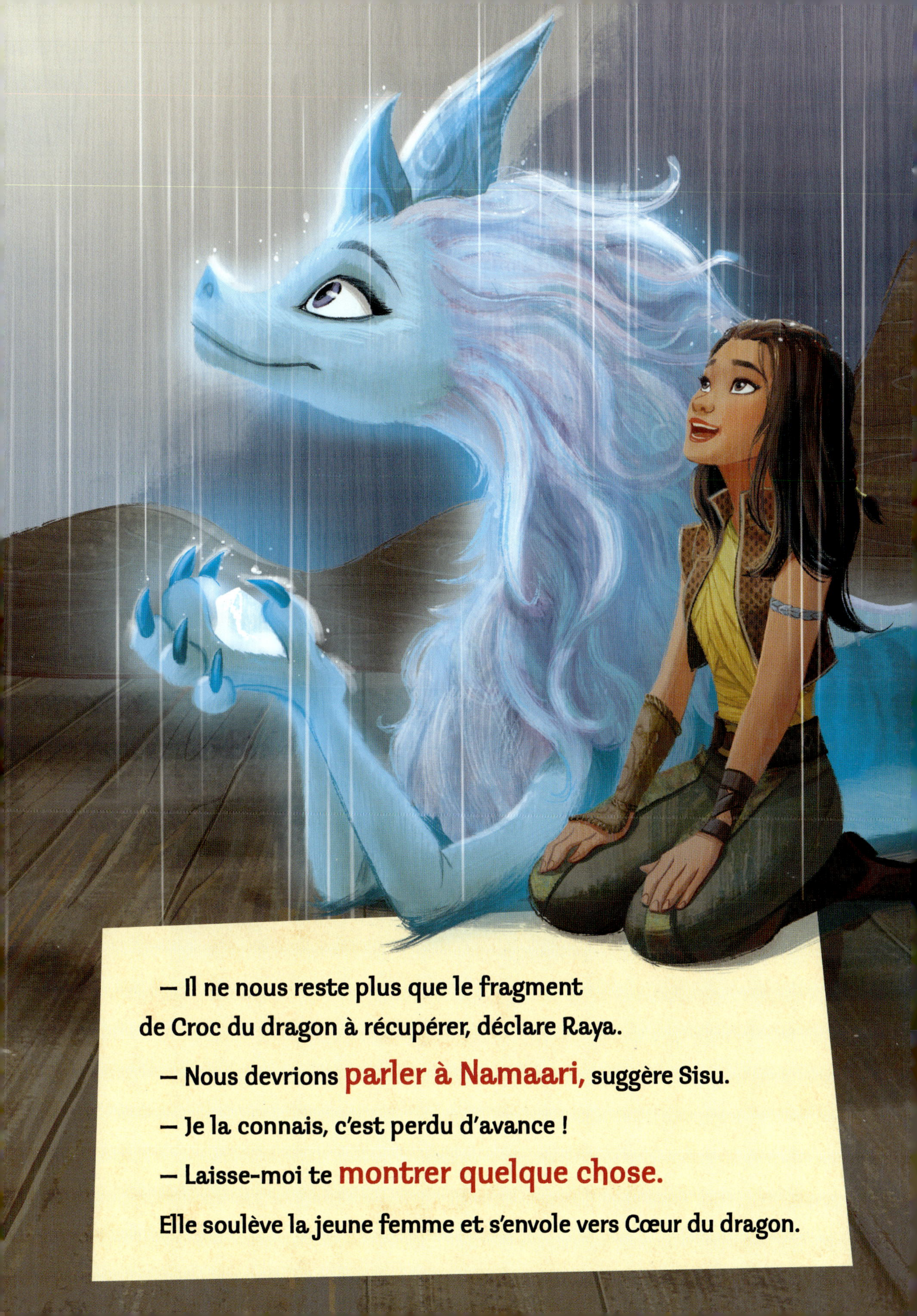

— Il ne nous reste plus que le fragment
de Croc du dragon à récupérer, déclare Raya.

— Nous devrions **parler à Namaari,** suggère Sisu.

— Je la connais, c'est perdu d'avance !

— Laisse-moi te **montrer quelque chose.**

Elle soulève la jeune femme et s'envole vers Cœur du dragon.

Sisu transporte Raya à l'intérieur du temple et lui dévoile **comment la Pierre du dragon a été créée.** Les autres dragons ont déposé leur magie dans cette Pierre avant de la lui remettre.

— Ils savaient qu'ainsi, j'aurais **la force de chasser le Druun.** Je leur ai fait confiance parce qu'ils m'ont fait confiance. Nous devrions essayer avec Namaari.

— Elle m'a déjà trahie, objecte Raya.

— Pourtant, elle pourrait être **notre alliée,** reprend Sisu. Avec elle, tu pourrais ramener ton père à la vie et restaurer l'unité de Kumandra.

Finalement, Raya se range à l'avis de Sisu. En gage de paix, elle propose d'offrir à Namaari le collier que celle-ci lui avait donné autrefois.

Sisu a vu juste. Pour la première fois, Namaari remet en cause les plans de sa mère.

— Sisu est revenue, insiste-t-elle auprès de Virana. Elle peut nous aider à nous débarrasser du Druun !

Toutefois, la cheffe ne partage pas les espoirs de sa fille. C'est à cause de la trahison de Croc du dragon que le Druun est réapparu. Si les membres des autres clans reviennent à la vie, ils vont chercher à se venger, sauf si Croc possède tous les fragments de la Pierre !

— Merci, ma fille, tu en as assez fait, la congédie Virana.

À la nuit tombée, les trois Ongis se glissent dans le palais pour délivrer **le message de Raya à Namaari.**

Après avoir accompli leur mission, les Ongis retrouvent Raya et les autres.

Tong et Boun se disputent à propos du **repas.**

— Il y a trop de piment, gémit Tong.

— Non, c'est le bambou, le problème, riposte Boun.

— Puis-je ? les interrompt Raya en sortant du sucre de palme de son sac.

Elle en saupoudre soigneusement le bouillon, comme son père le lui a appris. Au moment de la dégustation, tous reconnaissent que le mélange des ingrédients est parfait.

— Fais attention, Noi, l'avertit Tong quand le bébé essaie de se resservir.

Comme les autres le regardent avec surprise, il précise :

— Cette petite s'appelle Noi. C'est brodé sur son col !

À la fin du repas, des feux d'artifice illuminent soudain le ciel au-dessus du palais de Croc du dragon.

— Mon message est arrivé à bon port et **Namaari accepte de me parler,** explique Raya. Sisu, vous venez avec moi, mais tant que nous n'avons pas la confirmation que la princesse est bien de notre côté, **je veux que vous restiez cachée.**

— Entendu, promet-elle.

Raya s'avance seule à la rencontre de la princesse de Croc du dragon, qui porte le collier.

— Je ne pensais pas que je le reverrais un jour, commence Namaari.

Elle sourit à Raya, puis elle place le fragment de Pierre de Croc du dragon au sol, devant elle. Rassurée, Sisu s'approche à son tour.

Mais lorsque le dragon entend un déclic, elle lève les yeux et constate que **Namaari la vise de son arbalète.** Aussitôt, les amis de Raya surgissent à leur tour, sans que personne n'ose intervenir.

— Tu te trompes, Namaari, la supplie Sisu. Je sais que tu désires un monde meilleur, comme nous tous. J'ai confiance en toi. Il suffit…

Pour protéger Sisu, **Raya dégaine subitement son épée.**

Surprise, Namaari tire et **son carreau frappe le dragon,** qui tombe dans le canal à proximité. La jeune femme jette son arme, horrifiée par son propre geste. Elle ramasse le fragment de Pierre de Croc du dragon et se met à courir.

— SISU ! hurle Raya, en se précipitant vers l'endroit où son amie a disparu.

Brusquement, le fleuve s'assèche.

— On dirait qu'avec la disparition du dernier dragon, l'eau s'est évaporée aussi, constate Tong avec tristesse. Maintenant, plus rien ne pourra arrêter le Druun.

Tong dit vrai : le nuage maléfique envahit déjà Croc du dragon.

Tandis que ses amis contemplent cette effroyable scène, **Raya décide d'agir.** Son épée à la main, elle conserve un fragment de la Pierre du Dragon et laisse les trois autres à ses compagnons.

Résolue à retrouver Namaari, Raya pénètre dans Croc du dragon. Elle utilise son morceau de Pierre pour éloigner le Druun, qui sème la terreur. **Sa rage augmente** au fur et à mesure qu'elle s'avance dans le palais : Namaari doit payer pour ce qu'elle a fait !

Quand Raya entre enfin dans la salle du trône, elle aperçoit son ennemie aux côtés de sa mère. **Virana a été changée en pierre.**

— Namaari ! crie Raya en se jetant sur elle.

— Tu as raison, finissons-en, riposte Namaari.

Galvanisée par la colère, Raya attaque son adversaire avant de la plaquer au sol.

— Je regrette ce que j'ai fait, halète la princesse de Croc. Mais si nous en sommes là, c'est parce que tu aurais dû laisser Sisu me parler ! Elle, elle croyait en moi.

Frappée par les propos de Namaari, Raya regarde autour d'elle. Au loin, elle aperçoit ses compagnons. Ils tentent de sauver les habitants de Croc du dragon, bien qu'ils ne soient pas du même clan.

La colère quitte alors Raya. Elle laisse Namaari pour prêter main-forte à ses amis.

Munis des fragments de la Pierre du dragon, Raya, Tong, Boun, Noi et les Ongis se sont séparés afin de mieux **repousser les attaques du Druun** et ainsi permettre aux habitants de trouver refuge. Ils sont bientôt rejoints par Namaari, qui utilise son fragment de Pierre pour aider Boun à se frayer un chemin.

Cependant, le Druun est devenu tellement puissant qu'il finit par provoquer **un tremblement de terre.** Les murs s'effondrent, encerclant les humains et les empêchant de fuir. Ils sont désormais **à la merci du Druun,** la magie des fragments de la Pierre n'est plus assez forte pour lutter contre lui.

Désespéré, Tong s'en prend à Namaari.

— C'est ta faute ! l'accable-t-il.

— Non, l'arrête Raya. Sisu avait raison. **Tout repose sur la confiance.**

Elle s'approche de Namaari et lui remet son morceau de Pierre. Aussitôt, le Druun la pétrifie. À leur tour, les autres donnent leur fragment à Namaari, avant d'être également changés en statue.

Namaari sait ce qu'elle doit faire. **Elle reconstitue la Pierre du dragon** et pose sa main sur l'épaule de Raya au moment où elle se fige en statue de pierre.

C'est alors qu'une onde de lumière se propage de la Pierre du dragon, pulvérisant le Druun ! Les humains pétrifiés sont **ramenés à la vie** par une pluie magique.